Rolf Krenzer · Constanza Droop

Meine erste Bibel

Geschichten von Jesus

Loewe

Josef, der Zimmermann aus Nazaret, blickte seine Braut misstrauisch an. „Ein Engel, sagst du?“, fragte er. „Gott hat einen Engel zu dir geschickt?“
Maria nickte. „Der Engel sagte: ‚Freu dich, Maria! Gott hat Großes mit dir vor.‘ Ich hatte Angst, aber der Engel sagte weiter: ‚Du brauchst dich nicht zu fürchten.‘“ Josef schwieg lange und dachte nach. „Dann hat Gott dich auserwählt“, sagte er schließlich.
„Ich werde einen Sohn bekommen“, erzählte Maria. „Er soll Jesus heißen und wird der König des Himmels und der Erde sein. Gott ist sein Vater. Er ist Gottes Sohn!“
Da fragte Josef: „Und du? Was hast du geantwortet?“ „Ich habe gesagt: ‚Es soll geschehen, wie du es gesagt hast!‘“
Da spürte Josef, dass sich Maria auf dieses Kind freute.
Und Josef fing an, sich mit zu freuen.

Vor mehr als zweitausend Jahren hatten die Römer ein mächtiges Weltreich aufgebaut, das bis nach Israel reichte. Es wurde von dem Kaiser Augustus in Rom regiert. Eines Tages wollte der Kaiser wissen, wie viele Menschen in seinem Reich lebten. Deshalb musste jeder dorthin reisen, woher er stammte, und sich in eine Liste eintragen lassen.

So kam es, dass Josef mit Maria in seine Heimatstadt Betlehem reiste. Es war ein weiter und schwerer Weg dorthin, besonders für Maria. Bald sollte sie ihr Kind zur Welt bringen.

Als sie endlich in Betlehem
ankamen, fanden sie nur
noch einen Stall
als Unterkunft
für die Nacht.

In dieser Nacht brachte Maria ihr Kind zur Welt. Sie wickelten das Kind in Windeln und legten es in das Stroh einer Futterkrippe.

Auf den Feldern von Betlehem bewachten einige Hirten ihre Schafe. Mitten in der Nacht schickte Gott einen Engel zu ihnen. Die Hirten fürchteten sich sehr. Doch der Engel sagte zu ihnen: „Fürchtet euch nicht! Heute ist in Betlehem euer Retter geboren! Gottes Sohn, den er euch und allen Menschen versprochen hat. Geht selbst hin und seht nach! Ihr werdet das Kind in einem Stall finden.“

Plötzlich waren viele Engel da.
Sie lobten Gott und riefen:
„Ehre sei Gott in der Höhe!
Und auf Erden ist Friede
bei allen Menschen!“

Staunend hörten die Hirten zu. Dann ließen sie alles stehen und liegen und machten sich auf den Weg nach Betlehem. Und wirklich, sie fanden dort Maria und Josef und das Kind in der Krippe.

Später gingen die Hirten zu ihren Schafen zurück. Unterwegs erzählten sie allen: „Dieses Kind wird der König des Himmels und der Erde sein! Es ist Gottes Sohn.“
Sie lobten Gott und dankten ihm für das, was sie in dieser Nacht erlebt hatten.

Sterndeuter, die eines Nachts einen hellen, leuchtenden Stern am Himmel erblickt hatten, forschten nach, was das zu bedeuten hätte. Dieser Stern verkündete, dass der König des Himmels und der Erde geboren war. Und sie machten sich gleich auf, um den neugeborenen König zu suchen. Der Stern zeigte ihnen den Weg.

Eines Tages kamen die Sterndeuter nach Jerusalem. „Wo finden wir den neugeborenen König?", fragten sie. „Wir haben seinen Stern aufgehen sehen." Als der König Herodes davon hörte, erschrak er. Im Königsschloss war kein Kind geboren worden. Sofort ließ Herodes seine Gelehrten zu sich rufen und fragte: „Wo soll der König geboren werden, den Gott den Menschen versprochen hat?"

Da erklärten die Männer: „Aus Betlehem soll der Mann kommen, der das Volk Gottes führen wird.“ So schickte Herodes die Sterndeuter nach Betlehem. „Wenn ihr das Kind gefunden habt, dann gebt mir Bescheid! Ich will dann auch zu ihm gehen und es ehren!“, tat er freundlich.

Die Sterndeuter machten sich auf den Weg und folgten dem Stern. Genau über dem Stall in Betlehem blieb der Stern stehen. Sogleich gingen sie hinein und fanden dort das Kind und Maria, seine Mutter. Da knieten sie vor ihm nieder. Dann brachten sie Geschenke: Gold, Weihrauch und Myrrhe. Als sie heimkehren wollten, befahl Gott ihnen im Traum, nicht mehr nach Jerusalem zurückzugehen.

Aber Kundschafter meldeten Herodes, dass dieses Kind wirklich in Betlehem geboren worden war. Da schickte Herodes Soldaten nach Betlehem und gab ihnen den Befehl, alle Kinder bis zu zwei Jahren zu töten. Gott schickte einen Engel zu Josef. Er sprach zu ihm im Traum: „Steh auf! Du musst mit Maria und dem Kind nach Ägypten fliehen! Beeile dich, denn der König Herodes will Jesus töten!" Da floh Josef mit Maria und dem Kind noch mitten in der Nacht nach Ägypten. Dort waren sie sicher vor Herodes.

Als der König nach einigen Jahren starb, kehrten Josef und Maria mit ihrem Kind nach Nazaret zurück. Dort wuchs Jesus auf.

Drei Jahre lang schickte Gott
seinen Sohn Jesus durch das Land,
um allen Menschen zu zeigen,
wie lieb er sie hat. Und Jesus tat alles,
was Gott von ihm verlangte.

Damals gab es einen berühmten Prediger. Er hieß Johannes und hatte lange Zeit in der Wüste gelebt. „Seid nicht mehr so böse!“, rief er den Menschen zu. „Ändert euch! Bald wird euer Herr zu euch kommen.“ Viele Menschen hörten ihm zu und ließen sich von ihm im Fluss Jordan taufen. Auch Jesus machte sich auf den Weg zu Johannes.

Als Jesus in das Wasser stieg, erkannte Johannes, dass er der Sohn Gottes war. Ja, das war Gottes Sohn! Erstaunt fragte Johannes: „Du willst dich von mir taufen lassen? Wäre es nicht viel besser, du würdest mich taufen?“ Doch Jesus sagte: „Wir tun das, was Gott von uns verlangt.“ So taufte Johannes Jesus im Jordan.

Auf dem Weg durch das Land kam Jesus auch an den See Gennesaret. Da umringten ihn so viele Menschen, dass er den Fischer Simon fragte: „Ruderst du mich ein Stück auf den See hinaus?“ Vom Boot aus sprach Jesus mit den Leuten und sagte ihnen, wie lieb Gott sie hat.

Später forderte Jesus die Fischer auf: „Rudert noch einmal auf den See hinaus und werft eure Fischnetze aus!“ – „Wir haben in der Nacht keinen einzigen Fisch gefangen“, meinte Simon. „Doch weil du es sagst, wollen wir die Netze noch einmal auswerfen!“ So ruderten sie wieder hinaus. Diesmal fingen sie so viele Fische, dass ihre Netze fast rissen. Als Simon und seine Freunde Jakobus und Johannes das sahen, fielen sie vor Jesus auf die Knie. Doch Jesus sagte zu ihnen: „Habt keine Angst!“ Und dann fragte er sie: „Wollt ihr nicht mit mir gehen?“
Sie waren die ersten Freunde, die mit Jesus gingen, seine ersten Jünger. Und es wurden bald mehr.

Als Jesus nach Jericho kam, liefen viele Leute zu ihm, um ihm zuzuhören. Auch der Zöllner Zachäus, der schon viele Leute betrogen hatte, kam hinzu.
Doch in der Menschenmenge konnte er Jesus nicht sehen. Er war einfach zu klein. Da stieg er auf einen Baum. Jetzt konnte er Jesus richtig sehen. Aber Jesus sah ihn auch. „Zachäus“, rief er, „komm schnell herunter! Ich will dich besuchen!“ Da sprang Zachäus vom Baum herunter und führte Jesus zu seinem Haus. Die Leute aber ärgerten sich. Ausgerechnet diesen Zöllner wollte Jesus besuchen.

Zachäus hörte die Leute vor seinem Haus schimpfen. Nur zu gut wusste er, dass sie recht hatten. „Ich habe viele Leute betrogen“, sagte er zu Jesus. „Aber ich gebe ihnen alles wieder zurück. Und von allem, was mir gehört, gebe ich die Hälfte den Armen. Das verspreche ich dir!“ Er wagte sich nach draußen und entschuldigte sich bei den Leuten. Dann gab er ihnen das zurück, was ihm nicht gehörte. Viel mehr sogar gab er zurück. Ob sie ihm verzeihen würden?

Als Jesus einmal mit seinen Freunden Jericho verließ, saß am Straßenrand der blinde Bartimäus und bettelte. Als Bartimäus hörte, dass Jesus vorbeikam, rief er laut: „Jesus, hab Erbarmen mit mir!“
„Sei still!“, riefen ihm viele ärgerlich zu.

Doch Jesus blieb stehen und sagte: „Ruft ihn her!“ Sofort liefen einige zu dem Blinden. „Steh auf! Jesus ruft dich.“ Da sprang Bartimäus auf und sagte: „Herr, ich möchte wieder sehen können.“ – „Geh nur!“, antwortete Jesus. „Dein Vertrauen zu mir hat dir geholfen.“ Da konnte Bartimäus plötzlich wieder sehen. Er war so glücklich, dass er Jesus folgte.

Wenn Jesus in die Stadt kam, liefen immer viele Leute zusammen, um ihn zu sehen, zu hören und mit ihm zu sprechen. Und Jesus hatte Zeit für alle. Da kamen auch Eltern mit ihren Kindern zu Jesus. Aber die Jünger ließen sie nicht zu ihm. Schließlich hatte Jesus Wichtigeres zu tun.

Doch Jesus hatte die Kinder bereits
bemerkt. Er wurde richtig zornig über seine Jünger.
„Lasst doch die Kinder zu mir kommen!“, sagte er.

„Gerade den Kindern will ich von Gott erzählen!"
Freundlich nahm er die Kinder in seine Arme. Er legte
ihnen zärtlich die Hände auf den Kopf und segnete sie.

Einmal war Jesus mit seinen Freunden in Kana zu einer Hochzeit eingeladen. Seine Mutter war auch dabei. „Sie haben keinen Wein mehr“, sagte Maria zu Jesus. Jesus antwortete: „Was willst du von mir? Meine Zeit ist noch nicht gekommen.“ Aber dann sagte Jesus zu den Dienern: „Füllt diese Weinkrüge bis oben mit Wasser!“ Da liefen die Diener gleich los und taten alles, was Jesus ihnen sagte. „Bringt etwas davon dem Küchenmeister“, sagte Jesus darauf, „und lasst ihn probieren!“

Als der Küchenmeister einen kleinen Schluck nahm, wunderte er sich sehr und sagte zu dem Bräutigam: „Es wird immer zuerst der beste Wein angeboten. Und später kommt der billige Wein auf den Tisch. Du hebst den besten Wein für den Schluss auf.“ Das Wasser war zu Wein geworden. Es war ein Wunder! Ein Zeichen! Ein Zeichen der Herrlichkeit und Macht Gottes.

Weil es sich herumgesprochen hatte, dass Jesus Kranke heilte, kamen viele Kranke zu ihm. So war es auch in Kafarnaum. Jesus war in ein Haus eingetreten, und bald war das Haus überfüllt. Da trugen vier Männer einen Gelähmten herbei. Doch die Leute dachten nicht daran, Platz zu machen. Da hoben die Männer den Kranken auf das Dach hinauf. Sie deckten ein Stück des Daches ab. Dann ließen sie den Mann auf seiner Trage durch das Loch zu Jesus hinunter. Als Jesus sah, welches Vertrauen sie zu ihm hatten, sagte er zu dem Gelähmten: „Deine Schuld ist dir vergeben!“ Die Gesetzeslehrer erstarrten. Wie konnte dieser Mann sich anmaßen, so zu reden! Niemand außer Gott kann Schuld vergeben!

Da sagte Jesus zu ihnen: „Was ist leichter? Schuld zu vergeben oder Krankheiten zu heilen? Aber ihr sollt erfahren, dass ich das Recht habe, Schuld zu vergeben."
Darauf sagte er zu dem Mann: „Steh auf! Nimm deine Liege und geh nach Hause!"

Und wirklich: Da stand der Mann auf, nahm seine Liege und ging. Die dabei waren, begriffen auf einmal, dass Jesus wirklich Gottes Sohn war. So lobten sie Gott und sagten immer wieder: „So etwas haben wir noch nie erlebt.“

Jesus und seine Freunde wollten über den See Gennesaret fahren. Jesus war müde. Deshalb legte er sich im Boot hin. Plötzlich kam ein Sturm auf. Da bekamen seine Freunde Angst. Nur Jesus merkte nichts. Er schlief ruhig im Boot. Schließlich weckten die Freunde Jesus und riefen: „Wir müssen ertrinken!“ Jesus fragte: „Warum habt ihr Angst? Ich bin doch bei euch!“ Dann stand er auf und sagte: „Sturm, sei still!“ Da wurde der See wieder ruhig. Und seine Freunde? Alle Angst war von ihnen genommen. Sie fühlten sich sicher, weil Jesus bei ihnen war.

Einmal kam ein Mann zu Jesus, der Jaïrus hieß. Seine kleine Tochter war sehr krank. „Bitte, hilf ihr!“, flehte er Jesus an. So machte sich Jesus mit Jaïrus auf den Weg. Von Weitem riefen ihnen die Leute zu: „Jaïrus, dein Kind ist gestorben!“ Doch Jesus ging ruhig weiter und sagte zu Jaïrus: „Hab keine Angst! Hab nur Vertrauen!“ Die Nachbarn des Jaïrus weinten und jammerten laut. Jesus fragte: „Warum schreit und weint ihr so? Das Kind ist nicht tot. Es schläft nur.“ Da lachten ihn die Leute aus.

Jesus ging zusammen mit den Eltern zu dem Kind. Er nahm es an der Hand und sagte: „Steh auf, Mädchen!“ Da stand es gleich auf und war wieder gesund. Die Leute gerieten außer sich vor Staunen und Entsetzen. Sie konnten nicht begreifen, was geschehen war.

Wohin Jesus auch ging, immer folgten ihm viele Menschen. Einmal ruderte er mit seinen Freunden am See Gennesaret zu einer einsamen Stelle, um sich auszuruhen. Aber viele hatten sie abfahren sehen und liefen ihm voraus.

Da sprach Jesus mit ihnen, bis es Abend wurde. Seine Freunde machten sich Sorgen.

„Es ist bereits spät", sagten sie zu Jesus. „Hier gibt es keine Geschäfte. Schicke die Leute doch fort, damit sie sich etwas zu essen besorgen können!"

Jesus sah seine Freunde erstaunt an und fragte: „Warum soll ich sie fortschicken? Gebt ihr ihnen doch zu essen!"

Die Freunde wunderten sich. Wie sollten sie für fünftausend Menschen Essen herbeischaffen? „Seht nach, wie viel Brot ihr noch habt!“, sagte Jesus. Da brachten sie ihm fünf Brote. Dazu zwei Fische. Das war alles. Aber Jesus nahm das Essen, dankte Gott, brach die Brote in Stücke und reichte sie seinen Freunden.

Sie verteilten ein Stück Brot nach dem anderen an die Leute. Dann teilte Jesus auch die beiden Fische, und seine Freunde reichten sie weiter. Als alle satt waren, blieben noch zwölf Körbe mit Essen übrig.

Jesus erzählte den Menschen gern Geschichten,
damit sie Gottes Botschaft besser verstehen konnten.

Vom barmherzigen Samariter

Einmal ging ein Mann von Jerusalem nach Jericho. Unterwegs überfielen ihn Räuber. Sie rissen ihm die Kleider vom Leib und schlugen ihn zusammen.

Da kam ein Priester vorbei. Er sah den halb toten Mann. Doch er ging einfach weiter. Später kam ein Tempeldiener vorbei. Auch er sah den Ausgeraubten und ging weiter.

Schließlich kam ein Mann aus Samarien, ein Samariter, vorbei. Als er den Verletzten erblickte, ging er zu ihm hin. Er behandelte seine Wunden, hob ihn auf, setzte ihn auf seinen Esel und brachte ihn zum nächsten Gasthaus. Dort kümmerte er sich um ihn.

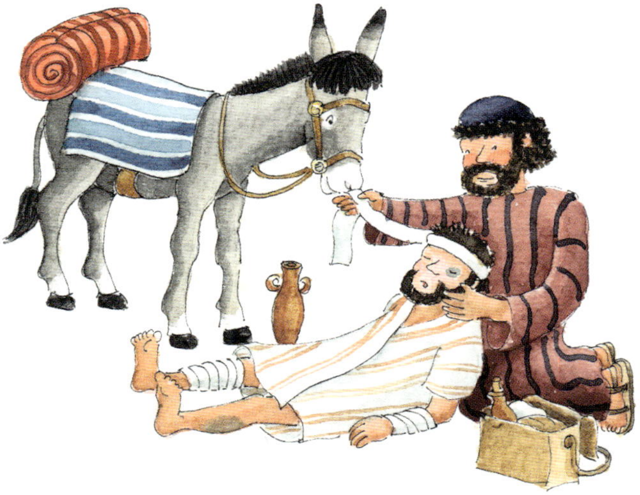

Als er am anderen Morgen weitermusste, gab er dem Wirt Geld und sagte: „Pflege diesen Mann! Wenn es mehr kostet, bezahle ich es, wenn ich zurückkomme!"

Als Jesus geendet hatte, sagte er: „Einer hat dem verletzten Menschen geholfen. So soll jeder Mensch dem anderen helfen."

Vom verlorenen Sohn

Ein Mann hatte zwei Söhne. Der jüngere Sohn wollte nicht mehr zu Hause bleiben. Deshalb sagte er zu seinem Vater: „Gib mir meinen Teil von meinem Erbe!“ Und als er das Geld bekommen hatte, zog er fort.

Er ließ es sich gut gehen und lebte in Saus und Braus. Eines Tages war alles Geld verjubelt. Arm war er geworden, bettelarm.

Schließlich fand er bei einem Bauern Arbeit als Schweinehirt. Er hätte gern von dem Schweinefutter gegessen. Aber das wurde ihm verboten. Da dachte er: „Mein Vater gibt seinen Arbeitern mehr, als sie essen können. Und ich werde hier noch verhungern. Ich will zurück zu meinem Vater gehen und zu ihm sagen: ‚Vater, ich verdiene es nicht mehr, dass ich dein Sohn bin! Lass mich dein Arbeiter sein.'" So machte er sich auf den Weg nach Hause.

Als ihn sein Vater so kommen sah, lief er ihm entgegen und nahm ihn in seine Arme. „Vater!“, sagte der Sohn. „Es tut mir leid. Ich verdiene es nicht mehr, dass ich dein Sohn bin!“ Doch der Vater rief seine Diener herbei. „Beeilt euch!“, sagte er. „Bringt ihm Kleider und Schuhe und steckt ihm einen Ring an den Finger! Dann schlachtet das Kalb. Wir wollen feiern. Mein Sohn war verloren, aber jetzt ist er wieder gefunden!“

Als der ältere Sohn vom Feld heimkam, hörte er Musik und Lachen. Er fragte einen Diener, was da los sei, und der sagte ihm: „Dein Bruder ist wieder da! Deshalb feiern wir!“ Da packte den Sohn ein solcher Zorn, dass er nicht ins Haus gehen wollte. So kam sein Vater schließlich zu ihm heraus und sprach ihm gut zu. Doch sein Sohn sagte: „Ich habe all die Jahre geschuftet und nicht einmal meine Freunde konnte ich einladen. Aber dem da, der dein Geld verjubelt hat, dem gibst du ein Fest!“

„Mein Sohn“, antwortete da der Vater, „du bist immer bei mir! Alles gehört dir, was ich besitze! Dein Bruder war verloren, aber jetzt ist er wieder gefunden. Was können wir anderes tun, als zu feiern und uns zu freuen!“

Jesus sagte den Menschen: „Gott ist unser Vater. Wir dürfen immer mit ihm sprechen. Es kommt nicht auf viele Worte an, darum betet so: Vater unser im Himmel, geheiligt werde dein Name. Dein Reich komme, dein Wille geschehe, wie im Himmel so auf Erden. Unser tägliches Brot gib uns heute. Und vergib uns unsere Schuld, wie auch wir vergeben unseren Schuldigern. Und führe uns nicht in Versuchung, sondern erlöse uns von dem Bösen. Denn dein ist das Reich und die Kraft und die Herrlichkeit in Ewigkeit. Amen."

Einmal war Jesus bei einem Mann zum Essen eingeladen. Da kam eine Frau herein. Sie trug ein Fläschchen mit kostbarem Öl in ihrer Hand. Ganz behutsam goss sie Jesus das Öl über das Haar. Die anderen ärgerten sich. „Dieses kostbare Öl hätte man besser verkaufen und das Geld den Armen geben sollen."

Doch Jesus sah die Frau freundlich an und sagte: „Lasst die Frau in Ruhe! Armen Menschen könnt ihr immer helfen, wenn ihr nur wollt. Ich aber bin nicht mehr lange bei euch. Die Frau hat das kostbare Öl über mich gegossen, um mich im Voraus zu salben, wenn ich einmal tot bin und begraben werden soll."

Danach machte sich Jesus mit seinen Freunden wieder auf den Weg, um noch mehr Menschen von Gottes Liebe zu erzählen. Viele folgten ihm. Manche sorgten mit ihrem Geld dafür, dass Jesus und seine Jünger das Nötigste hatten, was sie für ihr Leben brauchten.

Doch Jesus wurde nicht nur geliebt. Viele Priester und Gesetzeslehrer hassten ihn, weil er von sich sagte, dass er Gottes Sohn sei. Jesus wusste, dass sie in Jerusalem nur darauf warteten, ihn zu töten. Trotzdem reiste er dorthin. Auf einem Esel ritt Jesus durch das Stadttor. Die Leute jubelten ihm zu: „Wir grüßen den König, den Gott zu uns geschickt hat!“ Ihre Begeisterung war so groß, dass sie ihre Kleider wie einen Teppich vor ihn auf die Straße legten. Die Feinde Jesu sahen voll Empörung zu.

Als Jesus am Tempel ankam, ging er hinein. Aber was war nur aus dem Tempel Gottes geworden? Es ging dort wie auf einem Markt zu. Da rief Jesus zornig: „Gottes Haus soll ein Haus zum Beten sein!

Ihr habt eine Räuberhöhle daraus gemacht!“ Und er trieb die Händler aus dem Tempel hinaus. Voller Schrecken hörten die Priester zu. Nun stand für sie fest: „Wir müssen etwas gegen Jesus unternehmen.“

Am Abend lud Jesus seine zwölf Freunde zu einem Festmahl ein. Einer von ihnen war Judas. Jesus wusste, dass Judas ihn für Geld verraten wollte. Während des Essens nahm Jesus das Brot und sprach ein Dankgebet. Dann brach er es in Stücke und reichte es seinen Freunden: „Nehmt und esst! Das ist mein Leib!" Dann nahm er den Becher mit Wein, dankte Gott und reichte ihn weiter. „Trinkt alle daraus! Das ist mein Blut, das für alle Menschen vergossen wird zur Vergebung ihrer Schuld. Wenn ihr dies tut, dann sollt ihr wissen: Ich bin immer bei euch!" „Ich würde für dich sterben!", sagte Petrus. Jesus antwortete ernst: „Heute Nacht noch, ehe der Hahn drei Mal kräht, wirst du behaupten, dass du mich nicht kennst!"

Im Garten Getsemani wollte Jesus zu Gott beten. Einige Freunde begleiteten ihn. Als Jesus ganz allein war, betete er voller Angst: „Vater, wenn du willst, dann lass mich nicht so leiden!“ Und dann sagte er: „Aber was du willst, das soll geschehen. Nicht das, was ich will!“ Als er zurückkam, waren die Freunde eingeschlafen. Da kamen Soldaten den Berg herauf. Judas führte sie an. Er lief zu Jesus und wollte ihn küssen. Jesus blickte Judas traurig an: „Judas, mit einem Kuss willst du mich verraten?“ Doch da packten die Männer Jesus bereits und führten ihn ab.

Die Männer brachten Jesus zum obersten Priester, der Gericht über ihn halten sollte. Man fragte ihn: „Bist du wirklich Gottes Sohn?“
„Ja!“, antwortete Jesus. Da schrien sie: „Das ist Gotteslästerung! Er hat den Tod verdient!“

Petrus war heimlich gefolgt. Als er sich am Feuer wärmen wollte, wurde er erkannt. Petrus stritt drei Mal ab, dass er zu Jesus gehörte. Da krähte ein Hahn zwei Mal, und Petrus erinnerte sich plötzlich an das, was Jesus gesagt hatte. Da wurde er so traurig, dass er wegging und weinte.

Die Römer waren die Herren im Land. Deshalb musste Pilatus, der römische Verwalter, dem Todesurteil zustimmen. Als er Jesus befragt hatte, sagte er: „Der Mann ist unschuldig!“ Doch die Feinde von Jesus gaben nicht nach. So ließ Pilatus den Verbrecher Barabbas aus dem Gefängnis holen und befragte das Volk: „Wen soll ich freilassen?“
„Barabbas!“, schrie die aufgehetzte Menge.
„Und Jesus?“, fragte Pilatus.
Sie schrien: „Ans Kreuz mit ihm!“
So kam Barabbas frei und Jesus musste sterben.

Jesus wurde von den Soldaten misshandelt. Sie setzten ihm eine Krone aus Dornen auf. Sie fielen vor ihm nieder und spotteten: „Heil dir, König der Juden!" Dann zwangen sie ihn, sein Kreuz selbst zu tragen. Als Jesus zusammenbrach, packten sie das Kreuz einem Mann aus der Menge auf den Rücken.

INRI

Oben auf dem Berg wurde Jesus ans Kreuz gehängt wie ein Verbrecher. Jesus aber betete zu Gott: „Vater, verzeih ihnen! Sie wissen nicht, was sie tun.“

Viele sahen zu, als Jesus starb. Als er tot war, blieben nur noch wenige Freunde da. Sie holten den toten Körper vom Kreuz herunter und brachten ihn zu einem Felsengrab. Ein großer Stein wurde davorgewälzt.

Drei Tage später gingen die Frauen zum Grab.
Sie erschraken. Das Grab war offen!
Sie gingen hinein, fanden aber den toten
Körper von Jesus nicht mehr.

Da sprach sie ein fremder junger Mann an. „Jesus ist nicht hier!“, sagte er. „Gott hat ihn vom Tod aufgeweckt. Jesus lebt! Ihr und die anderen Freunde werdet ihn bald sehen!“ Da eilten die Frauen davon, um es den anderen zu erzählen. Sie waren erschrocken und doch voller Freude.

Zwei Jünger von Jesus waren auf dem Weg von Jerusalem nach Emmaus. Sie hatten in Jerusalem um den toten Jesus getrauert. Unterwegs trafen sie den auferstandenen Herrn, doch sie erkannten ihn nicht. Als sie in Emmaus ankamen, luden sie Jesus zum Abendessen ein. Er nahm das Brot und sprach ein Dankgebet. Dann brach er es in Stücke und reichte es den beiden. Da erkannten sie ihn plötzlich. Sie sprangen auf, doch da war er verschwunden. Und sie liefen zurück nach Jerusalem und erzählten allen, dass sie Jesus gesehen hatten.

Vierzig Tage lang hat sich Jesus seinen Freunden immer wieder gezeigt und seine Freunde sagten es allen weiter: „Jesus lebt! Er ist Gottes Sohn!“ Und viele erinnerten sich an das, was Jesus gesagt hatte: „Ich werde zu Gott gehen. Aber ich verspreche euch: Einmal werde ich wiederkommen. Dann wird es keinen Streit und keinen Krieg mehr geben.“ Jesus selbst hat es versprochen: „Ich bin bei euch, jeden Tag, solange die Welt besteht!“

Zum Pfingstfest trafen sich die Freunde von Jesus in Jerusalem. Plötzlich rauschte es vom Himmel und die Freunde sahen etwas, das sich wie leuchtende Flammen auf sie alle niederließ. Bei dem Fest waren viele Menschen aus vielen Ländern. Alle redeten in anderen Sprachen. Wie wunderten sich diese Fremden, als sie alles verstanden, was die Freunde von Jesus sprachen. Gott selbst hatte das bewirkt. Und die Freunde erzählten, was sie mit Jesus erlebt hatten und was Jesus gesagt hatte. Da hörten ihnen viele Menschen zu. Und es wurden immer mehr.

Inhalt

FSC
www.fsc.org
MIX
Papier aus verantwortungsvollen Quellen
FSC® C018236

Klimaneutral
Druckprodukt
ClimatePartner.com/18521-2202-1001

ISBN 978-3-7855-7509-3
Veränderte Neuausgabe 2012
6. Auflage 2022

Umschlagillustration: Constanza Droop
Printed in the EU

www.loewe-verlag.de